Von kleinen Freunden und großen Hindernissen

An einem wunderbaren Fleck Erde,
genannt Savanne, wohnen die kleine Giraffe,
der kleine Elefant und das kleine Zebra.
Sie sind beste Freunde und treffen sich oft
im Schatten der großen Bäume.

Eines Tages entdecken sie im Fluss eine Insel mit einem Wäldchen. Ganz versteckt in den Kronen der Bäume wachsen goldgelbe Früchte. Sie sehen einfach köstlich aus!

Bis spät in die Nacht sitzen die Freunde zusammen und schmieden Pläne, wie sie an das geheimnisvolle Obst gelangen können.

Gleich nach Sonnenaufgang gehen die drei Freunde los.
Aber, oh weh, je näher sie dem Fluss kommen, desto
größer wird er. Der Elefant und das Zebra stürzen
sich mutig ins Wasser.

„Komm mit!", rufen die beiden.

„Giraffen können nicht schwimmen!",
sagt die kleine Giraffe. „Deine Beine
sind lang, du kannst hindurchlaufen",
antwortet das Zebra.

Doch das Wasser ist viel zu tief. Die Giraffe geht unter.
Mit Mühe und Not rettet sie sich zurück ans Ufer.
Ihre Freunde müssen nun ohne sie weiter. Sie versprechen
aber, ihr die schönste Frucht mitzubringen.

Der Elefant und das Zebra erreichen die Insel.

Als sie davorstehen, sehen die Bäume

**riesig** aus.

Das Zebra *brüllt*, so laut es kann.
Doch die Früchte wackeln nicht.

Der Elefant *zieht* an den kräftigen Stämmen.

Aber die Bäume geben nicht nach.

Die beiden kehren zur Giraffe zurück.
Sie legen sich in den Schatten und dösen.
Und so vergehen die Tage.

Das Zebra singt voller Sehnsucht ein Lied, das durch die ganze Savanne schallt. Die anderen Tiere lauschen dem Gesang und träumen nun auch von den fremden Früchten.

So kommt es, wie es kommen muss: Nach einer Weile stürmen die anderen Tiere den Fluss. Die großen Giraffen waten auf ihren langen Beinen durch das Wasser …

... und die brüllenden Zebras bringen
jeden Ast zum Wackeln.

Die starken Elefanten biegen jeden Stamm.

Während die großen Tiere jeden Tag leckere Früchte ernten,
dösen unsere drei Freunde in der Hitze der Savanne.
So vergeht viiieeel Zeit.

Sie träumen von leckeren Früchtespießen,

von erfrischenden Fruchtsäften,

von goldgelben Kopfbällen

und
riesigen
Früchtetürmen.

Eines Tages reißt sie eine piepsende
Stimme aus ihren Träumen.

Vor ihnen steht ein winzig kleines Erdmännchen. „Kommt mit mir über
den Fluss! Die ganze Savanne spricht von den süßen Früchten dort drüben."

Traurig seufzt die Giraffe: „Das wissen wir. Doch der Fluss ist zu tief und die Bäume zu mächtig. Das schaffen wir nicht!"

Da lacht das Erdmännchen lauthals.

„Die ganze Savanne habe ich durchlaufen und noch nie traf ich größere und stärkere Tiere als euch!"

Verwundert schauen sich die Freunde an. Tatsächlich! So viel Zeit ist vergangen, in der sie geträumt und gewartet haben. Währenddessen aber sind sie zu stattlichen Tieren herangewachsen.

Nun fassen sie wieder Mut. Den neuen Freund im Gepäck, brechen sie erneut auf. Diesmal erreichen sie mit Leichtigkeit das andere Ufer. Aus den höchsten Wipfeln holen sie die saftigsten Früchte und tragen sie an ihren Lieblingsplatz.

Am Abend ruhen sich die vier aus.
„Manchmal muss man die Dinge einfach noch mal
probieren und manchmal muss man auch ein wenig
Geduld haben", sagt das Erdmännchen.

„Hauptsache, man gibt nicht auf",
antwortet das Zebra.

„Und was machen wir morgen?",
fragt die Giraffe.

Foto: © Marco Günther

Die Autorin und Illustratorin
## Anja Günther

Geboren 1982 in Zwickau, studierte ich im Vogtland Architektur. Hier lernte und entdeckte ich neben dem Entwurf von Gebäuden auch die Lust am grafischen Gestalten und Illustrieren. Und so arbeite ich schon viele Jahre an verschiedenen kreativen Projekten. Durch meine Töchter entdeckte ich die Liebe für das Gestalten für Kinder. 2018 erschienen meine ersten beiden Bilderbücher, 2019 und 2020 folgten weitere.

In meinem Online-Shop und lokal in Dresden und Umgebung verkaufe ich außerdem liebevoll gestaltete Postkarten, Poster und weitere illustrierte Dinge für Kinder.

*www.etsy.com/de/shop/FraeuleinElvira*

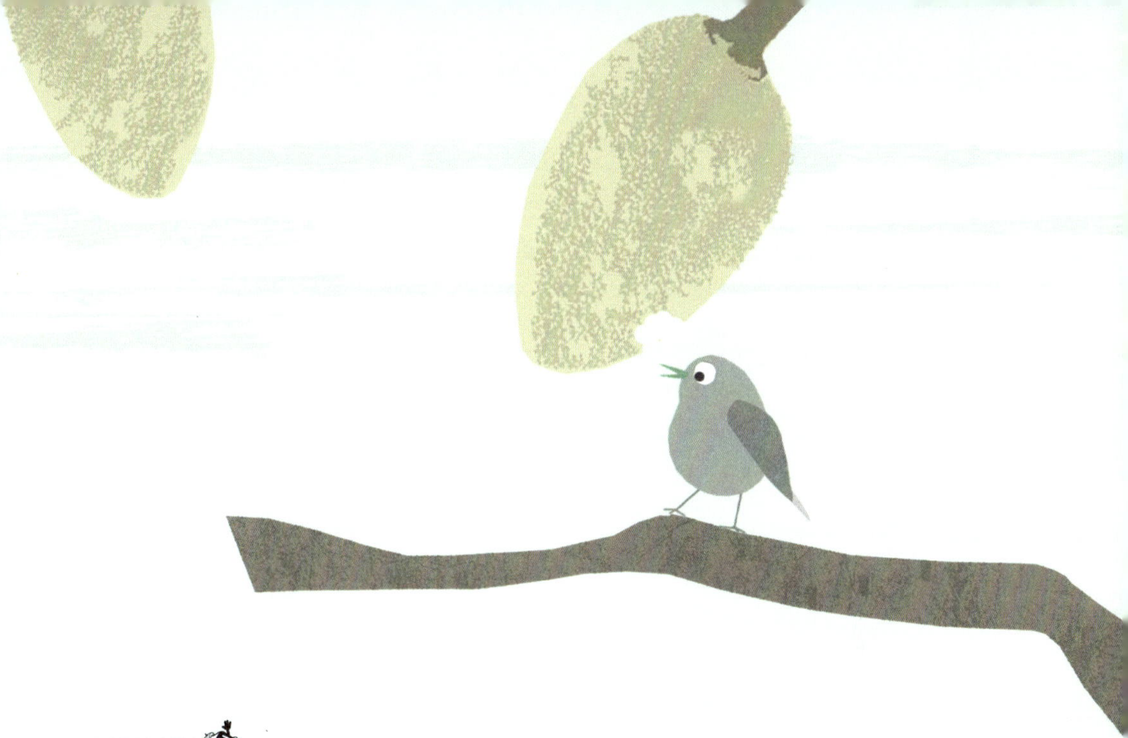

**EDITION PASTORPLATZ**

„Von kleinen Freunden und großen Hindernissen" wird herausgegeben von der Edition Pastorplatz
(Mele Brink & Bernd Held GbR · Luisenstraße 52 · 52070 Aachen)
www.editionpastorplatz.de
www.facebook.com/edition.pastorplatz
www.twitter.com/ed_pastorplatz
Editionsnummer: 43 (Februar 2022)
ISBN 978-3-943833-43-0
1. Auflage
Idee, Text + Zeichnungen: Anja Günther
Layout + Umsetzung: Anja Günther & Bernd Held
Lektorat + Korrektorat: Angelika Lenz, Steinheim an der Murr

Druck: Grafisches Centrum Cuno GmbH & Co. KG, Calbe
Innenseiten: 140-g-Offsetpapier (FSC®-zertifiziert)
Umschlag: 135-g-Bilderdruckpapier (FSC®-zertifiziert)

MIX
Papier aus verantwor-
tungsvollen Quellen
FSC® C043106